Vente du Samedi 5 Mars 1870

FAIENCES ITALIENNES

BIJOUX ANCIENS. — HORLOGES

TAPISSERIES

Exposition publique : le Vendredi 4 Mars 1870

DE UNE HEURE A CINQ HEURES

Me CHARLES PILLET
Commissaire-Priseur.

M. CHARLES MANNHEIM
Expert.

CATALOGUE

DE BELLES

FAIENCES ITALIENNES

DES FABRIQUES DE

Gubbio, Urbino, Pesaro, Hispano-arabe, Faënza, Deruta, Castel-Durante, Castelli et autres.

QUELQUES FAIENCES FRANÇAISES :

Bijoux du XVIe siècle ; Belle Plaque en fer repoussé ;
Montres et Horloges du XVIe siècle ;
Tapisseries ;

DONT LA VENTE AURA LIEU

HOTEL DROUOT, Salle N° 2

Le Samedi 5 Mars 1870

A DEUX HEURES PRÉCISES

Par le ministère de Me **CHARLES PILLET**, Commissaire-Priseur,
10, rue Grange-Batelière,
Assisté de M. **CHARLES MANNHEIM**, expert, 7, rue Saint-Georges.
Chez lesquels se trouve le Catalogue.

EXPOSITION PUBLIQUE :

Le Vendredi 4 Mars 1870, *de une heure à cinq heures.*

CONDITIONS DE LA VENTE

Elle sera faite au comptant.

Les adjudicataires payeront *cinq pour cent* en sus des enchères.

L'exposition mettant le public à même de se rendre compte de l'état des objets, il ne sera admis aucune réclamation une fois l'adjudication prononcée.

Paris. — imp. de Pillet fils aîné rue des Grands-Augustins, 5.

DÉSIGNATION DES OBJETS

Faïences italiennes

FABRIQUE DE GUBBIO

1 — Belle coupe ronde, à décor à reflets métalliques rouge rubis et mordorés, représentant le sujet de Joseph et Putiphar. Dans le haut est un écusson armorié ainsi qu'une figure d'Amour voltigeant, tenant une torche de chaque main. Elle porte au revers une inscription expliquant le sujet, ainsi que des ornements à reflets métalliques. Nous attribuons cette belle pièce à Maestro Giorgio.

Diam., 26 cent.

2 — Petite coupe ronde, à décor à reflets métalliques, représentant un cavalier armé de toutes pièces, montant un cheval blanc. Elle porte au revers la date de 1535.

Diam., 19 cent.

3 — Plat rond, à décor à reflets métalliques, représentant une scène de sacrifice. Il porte au revers la date de 1534 ainsi que le sigle de maëstro Giorgio.

Diam., 25 cent.

4 — Jolie coupe ronde, repoussée à bossages et à décor à reflets métalliques rouge rubis et mordorés. Il représente au centre le lion de Saint-Marc, et au pourtour, des ornements rehaussés de bleu.

Diam., 21 cent.

5 — Petite coupe ronde, analogue à celle qui précède. Elle est décorée au centre d'une figure de saint personnage en prière.

Diam., 21 cent.

6 — Joli petit plat rond et creux, à décor à reflets métalliques rouge rubis rehaussé de bleu, à ornements.

Diam., 22 cent.

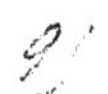

7 — Petit plat rond, à décor de fleurs sur fond blanc, avec entre-deux à reflets métalliques rougeâtres.

Diam., 22 cent.

Fabrique d'Urbino

8 — Grande et belle vasque ronde, sur piédouche, à deux anses formées de doubles serpents. Elle est décorée à

l'extérieur de figures mythologiques dans des paysages, et à l'intérieur du sujet de l'Enlèvement d'Hélène. Cette pièce est remarquable par l'éclat des couleurs et le brillant de l'émail.

Haut., 24 cent.; diam., 50 cent.

9 — Joli plat rond, à décor, attribué à Fra Xanto da Rovigo, et représentant un sujet tiré de l'histoire romaine et portant un écusson armorié.

Diam., 30 cent.

10 — Autre joli plat rond, à décor, attribué à Oratio Fontana, et représentant un groupe de neuf figures.

Diam., 25 cent.

11 — Grand plat rond, décoré en couleurs, représentant la Destruction de Troie.

Diam., 39 cent.

12 — Autre grand plat rond, décoré en couleurs, représentant la Chasse du sanglier de Calydon.

Diam., 39 cent.

13 — Petit plat rond, décoré de grotesqnes et de figures de génies en couleurs sur fond blanc et présentant au centre une figure debout à double face.

Diam., 23 cent.

14 — Coupe ronde, décorée en couleurs, et représentant un sacrifice.

Diam., 28 cent.

15 — Autre coupe ronde, décorée en couleurs, représentant un sujet de sacrifice.

Diam., 28 cent.

16 — Coupe ronde à côtes, décorée du sujet de l'Enlèvement d'Europe.

Diam., 28 cent.

17 — Coupe ronde, sur piédouche, représentant le sujet du Jugement de Pâris.

Diam., 25 cent.

18 — Coupe ronde, décorée en couleurs. Elle offre au centre un sujet mythologique composé de huit figures.

Diam., 25 cent.

19 — Vase de forme ovoïde, à piédouche, décoré en couleurs. Il offre au pourtour le sujet de la Création de la femme et la scène d'Actéon changé en cerf.

Haut., 35 cent.

20 — Plat rond, décoré de grotesques sur fond blanc et au centre d'une figure d'Amphytrite.

Diam., 41 cent.

21 — Joli vase de forme sphérique, à feuillages en relief, et décoré de figures allégoriques en couleurs. Monture en argent ciselé et doré, avec pied orné d'un petit vase ovoïde et couvercle surmonté d'une figurine de guerrier. XVIe siècle.

Haut., 25 cent.

22 — Coupe ronde, décor polychrome, représentant le sujet de Diane et Actéon.

Diam., 26 cent.

Fabrique de Pesaro

23 — Grand et beau plat rond, à décor à reflets métalliques mordorés et bleu nacré. Au centre tête casquée tournée à gauche, et banderole portant l'inscription : SIPIONE AFFRICANO. Bord à imbrications et palmettes.

Diam., 42 cent.

24 — Autre beau plat rond, à décor à reflets métalliques mordorés rehaussés de bleu. Il offre au centre la figure de saint François recevant les stigmates, et le bord est décoré de palmettes et d'imbrications.

Diam., 42 cent.

25 — Plat rond, analogue à celui qui précède. Il est décoré au centre d'une figure de femme debout, tenant un cœur percé de flèches et surmontée d'une couronne. Le bord est orné de palmettes et d'imbrications.

Diam., 41 cent.

26 — Plat rond, à décor en couleurs, représentant une rosace à dessins concentriques dits queues de paon.

Diam., 41 cent.

27 — Plat rond, décoré en couleurs. Au centre un écusson armorié, et au bord des ornements enlacés.

Diam., 43 cent.

28 — Vase à panse droite et à deux anses, à décor à reflets

métalliques mordorés, figures de saints personnages et ornements.

Diam., 17 cent.

29 — Coupe ronde à panse droite, à décor à reflets métalliques, offrant à l'intérieur un buste de femme entourée de rayons.

Haut., 19 cent.; diam., 26 cent.

30 — Vase à deux anses, à décor à reflets métalliques, à fleurs et rinceaux, et offrant au centre un médaillon, l'Agneau pascal.

Haut., 26 cent.

31 — Vase analogue à celui qui précède et pouvant lui servir de pendant. Il offre au centre un écusson armorié.

Haut., 25 cent.

32 — Autre vase de décor analogue, avec un médaillon représentant un moine en prières.

Haut., 33 cent.

33 — Plat rond, décoré en couleurs. Au centre buste de femme de profil, et banderolle portant l'inscription : LA PANTASILEA, bord à imbrications et ornements.

Diam., 42 cent.

34 — Plat rond, décoré en couleurs, buste de femme au centre et ornements au bord.

Diam., 42 cent.

35 — Plat rond, décoré en couleurs, figure de saint personnage au centre et ornements au bord.

Diam., 40 cent.

36 — Plat rond, décoré en couleurs sur fond blanc. Écusson au centre et ornements au bord.

Diam., 40 cent.

37 — Plat rond offrant au centre une figure de cavalier armé d'une lance et décoré au bord de rinceaux et d'imbrications.

Diam., 39 cent.

38 — Plat rond, décor polychrome ; au centre, les figures de la Vierge, l'enfant Jésus et saint Jean. Bord à imbrications et ornements.

Diam., 41 cent.

39 — Petit plat creux, décor à imbrications, à reflets métalliques, rehaussé de bleu.

Diam., 21 cent.

Fabrique Hispano-Arabe

40 — Plat rond à ombilic saillant, à décor d'oiseaux et feuillages, à reflets métalliques rougeâtres, et feuilles émaillées bleu.

Diam., 38 cent.

41 — Plat analogue à celui qui précède.

Diam., 27 cent.

42 — Plat analogue, à ombilic à côtes.

Diam., 40 cent.

43-54 — Douze plats ronds, à décors à reflets métalliques rehaussés de bleu, et de dimensions variées. Ils seront vendus séparément.

55 — Vase ovoïde, à décor à reflets métalliques rehaussés de bleu, garni de quatre petites anses.

56 — Vase forme balustre à deux anses, à décor à reflets métalliques.

Fabrique de Faënza

57 — Petite coupe ronde, décorée d'un joli buste de femme, avec banderolle, portant le nom : MARTA BELLA.

Diam., 21 cent.

58 — Autre coupe ronde, présentant à l'intérieur les bustes d'un jeune homme et d'une jeune femme. Le premier est coiffé d'une large toque noire.

Diam., 22 cent.

59 — Coupe ronde, repoussée à bossages. Elle offre au centre une figure de génie décorée en couleurs sur fond jaune, et autour du médaillon, des arabesques sur fond gros bleu.

Diam., 25 cent.

60 — Plat rond, présentant au centre le chiffre de Jésus-Christ, et décoré au bord d'ornements et feuillages sur fond blanc.

Diam., 24 cent.

61 — Joli vase, modèle balustre, à deux anses et à couvercle, décoré d'un médaillon renfermant un buste de femme et d'ornements émaillés.

Haut., 31 cent.

62 — Vase de même style que le vase qui précède, mais de forme différente.

Haut., 28 cent.

63 — Vase en forme de pomme de pin.

Haut., 20 cent.

Fabrique de Deruta

64 — Coupe ronde à contours sur piédouche bas, à décor à reflets métalliques, à arabesques rehaussées de bleu.

Diam., 25 cent.

65 — Coupe ronde à godrons saillants, à décor à reflets métalliques mordorés et palmette rehaussée de bleu.

Diam., 23 cent.

66 — Petite coupe ronde, à rosace décorée de bleu et à reflets métalliques.

Diam., 20 cent.

67 — Coupe ronde à décor à reflets métalliques, à rosace et ornements.

Diam., 22 cent.

Fabrique de Castel-Durante

68 — Coupe ronde, à bord droit et à piédouche, décorée d'ornements et de groupes de fruits.

Haut., 20 cent.; diam., 25 cent.

69 — Deux coupes analogues à celle qui précède, mais plus petites.

Haut., 18 cent.; diam.. 15 cent.

70 — Beau vase de forme ovoïde, décoré d'ornements à rinceaux et feuillages sur fonds vert, jaune orange et bleu, et enrichi d'un médaillon tête casquée, avec banderolle portant le nom : Isabella. Ce vase est daté de 1548.

Haut., 37 cent.

71 — Petite buire à anse, décorée de trophées d'armes et à goulot, formé d'un lion tenant un écusson, portant les lettres IH et la date 1570.

Haut., 22 cent.

72 — Petit plat rond, décoré au bord de trophées d'armes sur fond bleu, et au centre, d'une figure de génie sur fond jaune.

Diam., 23 cent.

73 — Deux vases de forme sphérique, décorés d'ornements sur fond bleu et jaune orangé, enrichis de médaillons têtes casquées.

Haut., 19 cent.

74 — Deux vases de forme sphérique, à deux anses à mascarons, décorés de trophées d'armes sur fond bleu, et de médaillons décorés d'une figure d'Amphitrite, sur fond jaune.

Haut., 18 cent.

75 — Vase de même forme, mais plus grand, décoré de rinceaux sur fond bleu, et d'un médaillon tête casquée.

Haut., 26 cent.

76 — Deux vases de forme cylindrique, décorés d'ornements et de bustes en couleurs.

Haut., 24 cent.

77 — Deux vases de forme ovoïde, décor polychrome à ornements.

Haut., 33 cent.

78 — Vase ovoïde à deux anses et à deux goulots, décoré sur une de ses faces, de grotesques sur fond blanc, et sur l'autre, d'ornements en camaïeu bleu. Ce vase porte des écussons armoriés.

Haut., 35 cent.

79 — Grand broc à anse, décoré d'un large écusson armorié encadré de lauriers.

Haut., 35 cent.

Fabrique de Castelli

80 — Grand plat rond, décor polychrome. Au centre, sujet de bataille, et au bord, ornements à rinceaux et figures de génies.

Diam., 42 cent.

81 — Plat rond; au centre, sujet de chasse à l'ours, d'après Tempesta; au bord, figures de génies et festons de fleurs. Cadre doré.

Diam., 38 cent.

82 — Plat rond et creux, décoré de figures au centre, et de figures de génies, guirlandes de fleurs et animaux au bord.

Diam., 40 cent.

83 — Petit plat rond à sujet de chasse, d'après Tempesta, au centre; ornements et figures de génies au bord.

Diam., 23 cent.

84 — Plat rond décoré au centre d'une figure de cavalier et au bord, d'ornements à rinceaux.

Diam., 28 cent.

85 — Plat rond décoré d'un sujet de chasse au cerf et d'ornements.

Diam., 26 cent.

86 — Deux tableaux décorés de figures de la Comédie Italienne dans des paysages.

Haut., 23 cent.; larg., 31 cent.

87 — Plaque ronde représentant l'Adoration des bergers.

Diam., 21 cent.

88 — Deux sucriers, l'un d'eux décoré de figures d'Amours, de fleurs, et d'ornements; l'autre, décoré de paysages.

89 — Deux jolis petits plateaux décorés de figures de cavaliers, rehaussées d'or.

90 — Grand plat rond représentant au centre le sujet du Triomphe d'Amphitrite, et au bord, des rinceaux sur fond blanc.

Diam., 42 cent.

91 — Plat rond décoré au centre d'un sujet mythologique et au bord, de rinceaux et d'un écusson armorié. Cadre carré en bois sculpté et doré sur fond noir.

Diam., 33 cent.

92 — Petit plat rond décoré au centre d'un sujet familier, et au bord, de rinceaux et de figures de génies.

Diam., 29 cent.

Fabriques diverses

93 — Coupe ronde et creuse à lobes, décorée au fond d'un buste de femme, et au pourtour d'ornements et de trophées d'armes.

Diam., 29 cent.

94 — Bénitier en faïence, à figures d'anges et de Saint-Georges, en relief.

95 — Deux vases forme balustre à couvercle en faïence blanche, à décor de figures et ornements en camaïeu bleu. XVIIe siècle.

96 — Vase modèle balustre à couvercle et à piédouche en faïence italienne, décor polychrome à fleurs et ornements.

97 — Grand plat rond à ombilic et à canaux creux, décoré de fleurs, d'oiseaux en camaieu bleu, et d'ornements variés de couleurs.

Diam., 45 cent.

Faïences françaises

98 — Plat ovale en faïence de Bernard Palissy ; *la Belle Jardinière*.

99 — Plat ovale en hauteur, en faïence de Bernard Palissy, le Baptême de saint Jean. Bordure à ornements émaillés blanc sur fond bleu.

Long., 32 cent.; larg., 26 cent.

100 — Deux petites jardinières en faïence de Moustiers, décor polychrome à médaillons, figures mythologiques et fleurs.

Haut., 10 cent.

Bijoux et Objets variés

101 — Grand bijou du xvie siècle en or émaillé enrichi de rubis et de perles pendeloques. Il présente au centre un Pélican nourrissant ses petits.

102 — Autre bijou en or émaillé, rubis et perles fines, représentant un cygne. xvie siècle.

103 — Collier du xvie siècle, formé de chatons en or émaillé noir et enrichis de rubis. Il est garni d'un médaillon avec mascaron en grenat gravé en relief, entouré de rayons aussi en grenat.

104 — Autre collier du xvie siècle formé de chatons carrés en or émaillé noir, enrichis de rubis et d'émeraudes. Il est garni d'une pendeloque en forme de dauphin en or émaillé.

105 — Montre de forme octogone en cristal de roche, montée en or émaillé. XVIe siècle.

106 — Montre de même forme en jaspe vert taillé à cuvette. Même époque.

107 — Montre ovale à côtes en argent. Le cadran est finement gravé. XVIe siècle.

108 — Petit livre de prières garni en argent gravé, à figures et ornements découpés à jour. XVIIe siècle.

109 — Couverture de livre en argent finement gravé, à figures et ornements. Même époque.

110 — Autre couverture de livre en argent gravé et doré, à figures et ornements. Epoque Louis XIV.

111 — Baiser de paix en émail de Limoges, de l'école de Nardon Pénicaud. Le Christ mort étendu sur les genoux de sa mère ; peinture en émaux de couleurs rehaussée d'émaux saillants imitant les pierres précieuses.

112 — Joli bijou pendentif en or émaillé et pierres fines, du XVIe siècle, représentant un perroquet sur des rinceaux repercés à jour.

113 — Grand et beau bas-relief en fer repoussé et ciselé, représentant les Dieux de l'Olympe. Dans le bas du tableau est une figure de Fleuve avec paysage. L'encadrement est pris dans le même morceau et se compose

d'ornements finement ciselés. Travail milanais du XVIe siècle.

114 — Horloge allemande à cadran vertical supporté par une figure d'Atlas reposant sur un piédouche à pieds, formés de lions couchés. Le tout en cuivre gravé et doré. Sur les côtés sont des consoles à cariatides de femmes, et dans le haut se trouve une boîte cylindrique renfermant le timbre, surmontée d'une figure de génie musicien. XVIe siècle.

115 — Jolie horloge de forme cylindrique en cuivre doré, à frises de fleurs finement gravées et découpées à jour. XVIe siècle. Elle a été garnie postérieurement au pourtour d'une plaque d'argent gravé à figures et rinceaux. Mouvement d'Isaac Befinod, à Gien.

116 — Horloge de bureau de forme carrée, en cuivre finement ciselé et doré, à figures allégoriques en relief. Travail allemand du XVIe siècle.

117 — Petite horloge de bureau de forme carrée en cuivre doré, ornée au pourtour de plaques d'émail décorées de figures en camaïeu d'or sur fond bleu. Le dessus est garni d'une plaque de cristal de roche. XVIe siècle.

118 — Horloge placée dans une sphère de cuivre doré, destinée à être suspendue, et marchant par son propre poids. XVIe siècle.

119 — Vase ovoïde à anse surélevée et à goulot, en cuivre rouge repoussé, à animaux et feuillages. XVIe siècle.

120 — Bassinoire en cuivre rouge repoussé, à mascarons et ornements. Même époque.

Tapisseries

121 — Deux belles tapisseries du XVIe siècle représentant des sujets de chasse, avec bordures.

122 — Autre tapisserie du XVIe siècle, représentant un sujet analogue, mais sans bordure.

www.ingramcontent.com/pod-product-compliance
Ingram Content Group UK Ltd.
Pitfield, Milton Keynes, MK11 3LW, UK
UKHW022153260726
13993UKWH00005B/2340